H. ROEHRICH

Pasteur, aumônier des prisons de Genève

Une Visite aux Prisons

au point de vue de l'éducation des détenus -

VALS-LES-BAINS

IMPRIMERIE P. ABERLEN ET Cᵒ

1911

H. ROEHRICH

Pasteur, aumônier des prisons de Genève

Une Visite aux Prisons

au point de vue de l'éducation des détenus -

VALS-LES-BAINS

IMPRIMERIE P. ABERLEN ET C°

1911

Une Visite aux Prisons

au point de vue de l'éducation des détenus

♠ ♠ ♠

S'il est une question qui domine toutes les autres, quand il s'agit des intérêts de l'humanité, c'est celle de l'éducation, c'est-à-dire celle de la préparation de l'homme à sa destinée, autrement dit, celle qui a pour but de former l'homme de telle manière qu'il arrive, par le complet épanouissement de son être intime, à pouvoir produire tout ce qu'il est capable de produire pour son bien à lui et pour le bien de ses semblables.

Et s'il s'agit de prisonniers, d'hommes privés momentanément de leur liberté d'action, et obligés de vivre, pendant un temps plus ou moins long, en dehors des conditions habituelles de l'existence, la question de l'éducation prend une importance que personne ne saurait logiquement contester, et doit être inscrite en tête du programme d'activité qui s'impose dans tout établissement pénitentiaire.

Mon but, en soulevant cette question, n'est pas d'en présenter ici une étude complète (1). Ce que je désire tout simplement, c'est de faire, à la lumière de lettres et de témoignages reçus de bon nombre de détenus libérés, quelques observations destinées à faire apprécier et à faire progresser l'œuvre qui se poursuit dans les prisons et, je tiens à le dire, à préparer aussi le public à recevoir avec bienveillance, à leur sortie, ces frères et ces sœurs momentanément exclus de la vie sociale.

Le contact que j'ai depuis bien longtemps (bientôt 25 ans), avec ces pauvres êtres, dégradés souvent par leur faute, très souvent aussi par la faute de la société, n'a eu pour résultat que de faire naitre en moi un amour immense pour eux. Les

(1) Les observations qui ont inspiré ce travail, n'ont été faites que dans les prisons de Genève. Le travail a été lu à la réunion des aumôniers des prisons de la Suisse, en Avril 1910, et a fait l'objet d'une conférence publique à Genève.

heures que je passe avec eux dans la prison sont pour moi les heures les plus douces et les plus belles. Si donc, dans ma franchise, je parais sévère pour les uns ou pour les autres, cette sévérité n'est dûe qu'à l'amour. Je tiens à montrer ce qui se passe dans le cœur de bien des détenus, à révéler leurs mécontentements comme leurs accents de reconnaissance, à faire connaître leurs souffrances comme leurs espérances, et si telle citation de lettre révèle des sentiments d'amertume, de révolte peut-être, contre l'administration ou tel ou tel de ses représentants, qu'on se garde bien d'y voir une critique personnelle, blâmant telle manière de faire de l'administration et de ses subordonnés. Je dis les choses comme elles sont, comme je les entends ou plutôt comme je les lis, et ces témoignages tristes ou réjouissants, tombant des lèvres de maints détenus. ne peuvent avoir pour résultat que de nous montrer l'importance de l'œuvre d'éducation qui doit se poursuivre, et de rapprocher, dans un même sentiment de dévouement à l'œuvre indispensable, tous ceux qui, dans nos établissements pénitentiaires, ont une mission à remplir et une responsabilité, directeurs, gardiens et aumôniers. Plus d'une de ces citations peut donner lieu aussi, chez les uns et chez les autres, à des réflexions salutaires, qui inspirent quelque bonne réforme pratique, telle modification dans la manière de parler ou d'agir, tel réveil de la conscience en face d'une routine souvent inconsciente et souvent nuisible. Le détenu n'est pas là pour la prison, mais la prison est là pour le détenu. Il importe donc que de plus en plus la prison se transforme en maison d'éducation.

Je me hâte d'ajouter, en terminant ce court préambule, que les réflexions parfois sévères recueillies dans les témoignages que j'aurai à citer m'ont été communiquées bien avant l'entrée en fonction des deux directeurs actuels, aux sentiments et à l'activité desquels je suis heureux ici de rendre le plus sincère hommage.

*
* *

Le coupable a été condamné. Cette condamnation est sans doute nécessaire et bonne, car elle l'arrache pendant un certain temps à un mauvais milieu et, l'arrêtant sur le chemin qu'il suivait, le porte, ou, tout au moins, peut le porter à rentrer en lui-même, à réfléchir, et à chercher le secours. C'est là une vérité que je rappelle souvent aux détenus : « Réfléchissez, mes amis! c'est un privilège pour vous d'avoir été arrêtés dans votre vie désordonnée et sans principes. Vous ne me comprenez pas maintenant, et je vous parais dur en vous disant cela. Mais vous verrez; vous comprendrez un jour et vous direz : le pasteur avait raison. » Et beaucoup, en effet, arrivent à reconnaître qu'il était bon qu'ils fussent frappés.

Mais personne cependant n'osera soutenir aujourd'hui que, la peine étant prononcée, la société a fait tout son devoir. C'est alors au contraire que le vrai devoir commence. La loi a parlé; maintenant c'est à l'amour à se mettre à l'œuvre, en enveloppant le condammé et en l'éduquant.

« En punissant, dit le *Journal de Genève*, dans un article excellent (1), la société ne cherche plus, comme jadis, à se venger du délinquant; elle s'efforce de l'éduquer. Cette tâche est difficile, et l'emprisonnement — la peine moderne qui est le plus souvent appliquée — produit souvent plus de mal que de bien. L'amendement est cependant le but suprême auquel vise la société. Un jour viendra où nos institutions pénitentiaires devront être modifiées de telle façon qu'elles contribuent, mieux que par le passé, à atteindre ce but. Même si la repentance du coupable n'est pas toujours obtenue, la peine doit au moins avoir pour objectif de le réadapter à la vie sociale ».

L'auteur de cet article a raison, et l'on ne saurait trop le redire aujourd'hui. Si la peine doit au moins avoir pour objectif « la réadaptation à la vie sociale », la peine en elle-même et comme telle est insuffisante à réaliser cette réadaptation. C'est par l'éducation que le détenu sera mis en état de faire de sa peine un élément de son relèvement; sans elle la peine, quelle qu'elle soit, écrase, paralyse l'être moral et l'empêche d'aspirer et de tendre à la guérison.

*
* *

A côté de la peine première qui est prononcée et infligée par le tribunal, il y a aussi celle qui ressortit au régime disciplinaire indispensable à tout établissement pénitentiaire bien organisé.

Il est indéniable que cette discipline intérieure est nécessaire.

(1) *Le but de la peine* n° du 18 février 1910.

Il est des cas d'insubordination, de révolte même, dans lesquels la force doit intervenir. Dans une maison qui ne contient que des malfaiteurs, et des malfaiteurs souvent dangereux, la direction ne peut rester maîtresse de la situation qu'en infligeant une punition à ceux qui ne veulent rien entendre et qui, s'ils n'étaient soumis à une obéissance extérieure forcée, communiqueraient à certains de leurs camarades leur esprit d'insubordination et de révolte.

Mais, ce fait constaté, je dis que les peines disciplinaires ne doivent être infligées que le plus rarement et le plus humainement possible, car, mal appliquées, ou appliquées dans un sentiment de colère ou de vengeance, elles ne font qu'exaspérer le détenu et le rendre encore plus inaccessible à l'œuvre de relèvement qui doit s'accomplir.

A cet égard, voici un aveu qui a son importance.

Dans un article des plus intéressants sur *la jeunesse de Bebel*, l'homme le plus représentatif du socialisme, M. Albert Bonnard, le distingué directeur du *Journal de Genève*, cite le fait suivant (1) :

Auguste Bebel perdit son père de bonne heure, et sa mère épousa en seconde noce son oncle, ancien militaire aussi, à qui fut accordée une place de gardien dans le pénitencier de Braunweier. Celui-ci était chargé de présider à l'application de la bastonnade, moyen de correction très à la mode dans les prisons prussiennes.

« Le garde-chiourme, dit M. Bonnard, n'était pas méchant. Mais il était rendu très irritable par les difficultés de son service et les coups ne manquèrent pas au jeune Auguste ». Eh bien, le jeune Bebel s'est toujours souvenu de cette période de sa vie qui a été si dure pour lui, et voici la réflexion qu'il inscrit à ce propos dans ses mémoires : « Si le bâton est vraiment la plus haute manifestation pédagogique, je devrais être un modèle. Pourtant ce que je suis devenu, c'est malgré le bâton ». Je crois que cette importante observation est absolument juste, et qu'elle est applicable à tous les détenus. Il y a là un fait d'expérience.

N'oublions pas, en effet, quel est l'état moral de la plupart de ces pauvres êtres qui voient se fermer derrière eux les lourdes portes verrouillées de la prison.

(1) *La jeunesse de Bebel* (Semaine littéraire du 26 mars 1910).

Que sont-ils au moment où ils entrent dans ces maisons qui à elles seules, leur crient assez haut : Ici, abdication de votre liberté; c'est la volonté d'un autre qui commande?

Ce que nous devons constater, et cela d'après les propres témoignages écrits que nous avons reçus, c'est que la nature morale du détenu, déjà compromise par le germe du péché qui est dans tout cœur d'homme et souvent par l'hérédité, a dû subir des influences malsaines qu'elle n'a pu éviter et qui ont eu pour résultat de la fausser plus encore.

Voici d'abord *l'influence de la famille*. Combien de pauvres êtres qui n'ont. pour ainsi dire, jamais connu les douceurs et les encouragements de l'affection familiale. Tel détenu a été abandonné par les siens dès l'âge de neuf ans. Tel autre, de bonne heure orphelin de père. n'a eu pour mère qu'une misérable femme adonnée aux boissons alcooliques et à une vie de débauche. Cet autre, dans des pages pleines de souffrances, écrit :

« Après trois mois d'absence et de vagabondage; je reviens à Genève. Je vais chez mon frère, il me repousse. Je me rends le soir, auprès de ma famille. Dès que ma mère m'aperçoit, elle est prise d'un tremblement nerveux, quitte sa chaise, prend *un rang de fascine* et se met à me battre jusqu'à n'en plus finir. Oh! si elle m'avait parlé doucement, si elle avait pleuré sur mes fautes, me suppliant de changer; ça aurait pu agir sur moi. Les coups n'ont fait que m'aigrir et me rendre plus méchant encore. Je partis pour reprendre ma vie errante ».

Voici *l'influence de la ville et des mauvais camarades*. Repoussé, le malheureux cherche le contact de ceux qui lui ressemblent, et ce milieu ne fait que l'enfoncer plus encore dans une vie de dévergondage dont, peu de temps auparavant, il avait horreur.

« Ah! pourtant, écrit un détenu, si je m'étais repenti de mes fautes. si j'étais allé demander pardon à ma mère! Mais j'étais trop fier; l'orgueil me dévorait. J'étais sans cœur, et je n'avais pas encore la crainte de Dieu. Le châtiment devait venir plus tard, mais il devait être terrible et sans pitié. Bref, je ne pouvais plus vivre sous le même toit que les miens. Et pourtant, j'étais jeune, j'avais 11 ans! Ah, funeste séjour des grandes villes! Elles corrompent bien des jeunes gens!

Et dans les villes, c'est *l'influence des boissons alcooliques et de la débauche*, causes profondes de bien des vies perdues.

« Oui, Monsieur, m'écrit l'un d'eux, j'en suis venu à m'enivrer. Combien de fois n'ai-je pas perdu la raison! Ah si les hommes savaient à quoi ils ressemblent quand ils sont dans cet état! Ils auraient honte d'eux-mêmes! »

La majeure partie des détenus sont obligés de constater que l'alcoolisme les a conduits à leur perte. Les confessions ne manquent pas à cet égard.

Mais ces confessions en amènent d'autres. A côté de l'abus des boissons alcooliques, il y a la vie débauchée. La passion surexcitée contraint le malheureux à tomber plus bas encore.

Ecoutez cet aveu : « Mes souffrances, c'est moi qui me les suis attirées, et je n'avais pas le droit de me plaindre. Je n'avais que ce que j'avais mérité. Et pourtant il y a autre chose que je n'ai pas osé vous avouer encore. Mais çà me pèse trop sur le cœur; autant avouer maintenant que de souffrir continuellement. Vous aurez honte de moi; vous me mépriserez peut-être, mais peu importe. Chaque homme a sa croix à porter; la mienne était lourde et je l'ai laissée pour donner libre cours aux passions qui se déchainaient en moi. La digue était rompue; je me jetai dans le torrent, et je tombai dans la société de femmes perdues! Voilà l'aveu! Combien de familles ces femmes n'ont-elles pas plongées dans les larmes et dans le deuil, en entraînant les fils dans leur honteuse vie! Et pourtant le gouvernement les tolère, ces maisons! Il y trouve son profit! S'il ouvrait un peu plus les yeux, il verrait que c'est une peste et un fléau pour notre ville ».

Entrant dans la prison avec un caractère aigri par le mépris et les mauvaises influences subies, les malheureux détenus ont un besoin pressant de rencontrer des cœurs ouverts à la pitié et à la compassion. Leurs moments de révolte appellent l'emploi de la force brutale; mais celle-ci n'est pas comprise; elle ne fait que les irriter davantage, contre l'administration ou contre la société.

Entre plusieurs, voici un témoignage, inspiré sans doute par un esprit surexcité et qui, à mon avis, dépasse les limites de la vérité, mais que je tiens cependant à citer dans toute sa crudité :

« Les punitions sont presque toujours barbares et cruelles. Ce n'est pas comme cela que l'on apprendra la justice aux détenus. Ce n'est pas avec des fers ou des coups que l'on relève un enfant ou un homme. Avec des procédés de ce genre, l'on n'arrive qu'à mettre la haine au cœur du malheureux, qu'à le pousser à la révolte, qu'à l'endurcir dans le mal. Ce n'est pas les huit jours de cachot, ni les quarante ou soixante jours de cellule de force, ni la privation de nourriture qui peuvent calmer ces mauvais instincts ».

Toutes ces affirmations qui, si exagérées soient-elles, n'en sont pas moins le reflet d'un état d'âme réel, nous montrent combien est vraie l'observation du jeune Bebel, qui n'était pourtant pas un détenu, et elles sont comme autant de voix qui nous crient : la peine disciplinaire, nécessaire parfois, est insuffisante; il faut pourvoir à l'éducation du détenu.

****

Nous venons de nous rendre compte des dispositions et de la mentalité du détenu avant son entrée en prison. Mais la situation qui lui est faite dans la prison et qu'il doit subir nous oblige à poser d'une manière plus pressante encore le problème de l'éducation.

Le condamné est maintenant enfermé. Quelle est sa situation, et comment juger celle-ci au point de vue du relèvement?

La situation, nous devons le reconnaître, est anormale, surtout si nous considérons le détenu comme être social.

Ici ce sont des difficultés de toute nature qui viennent compliquer ou compromettre le travail à accomplir, et les aveux recueillis témoignent en faveur de cette affirmation.

Voici d'abord *la promiscuité* qui est, pour ainsi dire, inévitable. Non seulement les détenus sortent de tous les milieux sociaux; il y a là l'ignorant et le lettré, l'ouvrier et l'homme d'affaires, le commis et le gentleman; mais que de variétés au point de vue moral! C'est le voleur par accident, et le voleur de profession; c'est l'enfant abandonné et le vagabond; c'est le froid assassin, le théoricien qui a tué par principe, et celui qui n'a accompli son crime que sous l'influence d'une exaltation passagère; c'est le débauché au cœur corrompu et desséché, et l'homme faible qui n'a succombé que sous l'action de l'entraînement; c'est le criminel initié à toutes les ruses, à toutes les fourberies, et le jeune homme encore moral, mais bête qui s'est laissé endoctriner par des malins.

Sans doute tous ces gens-là sont soumis à une discipline et à une surveillance constante, mais enfin, ils se rencontrent, soit au préau, soit à l'atelier, et l'on sait comme ils sont habiles à communiquer les uns avec les autres.

Est-ce donc pour exercer une bonne influence sur leurs camarades? Oui, quelquefois; mais le cas est rare.

Le plus souvent qu'arrive-t-il? A cet égard, les témoignages écrits ne nous manquent pas. En voici deux qui ont leur importance.

« J'ai vu, moi, écrit un détenu, de ces jeunes gens, de vrais enfants, qui subissent une peine plus ou moins longue et qui sont faciles à détourner. On les met avec de vieux hommes pervertis jusqu'à la moelle, qui, eux, vont leur monter l'imagination par le récit de leurs prouesses passées, leur disant : quand vous ferez telle ou telle chose, vous vous servirez de tel outil. Ces enfants n'ont pas la présence d'esprit de leur répondre : comment se fait-il alors que vous n'ayez pas réussi vous-même? Tout cela n'est rien tant que le jeune homme est enfermé; mais vienne le jour de la liberté, et qu'il rencontre un de ces vieux, et voilà un individu perdu à jamais. »

« Hélas, écrit un autre, au lieu d'avoir un moral relevé, l'homme sort de prison complétement démoralisé. Il a appris bien des choses qu'il ignorait. Tel lui a appris à casser une vitre sans faire de bruit; tel autre à ouvrir sûrement une serrure; celui-ci à enfoncer une porte en silence, celui-là à tirer adroitement et légèrement d'une poche un porte-feuille ou un porte-monnaie. Voilà tout ce que l'on fait officiellement au point de vue moral, et l'on s'étonne qu'il y ait des récidivistes! »

Nous comprenons ce qu'écrit un autre détenu, un malheureux qui a connu toutes les corruptions, mais dont le cœur soupirait après le relèvement (et il s'est réellement relevé) :

« Ah oui, il faut avoir du caractère et une grande force de volonté pour pouvoir se relever dans une maison pareille. La généralité des détenus qui en sortent sont plus mauvais que lorsqu'ils y sont entrés. Il faudrait créer trois catégories de détenus. La première comprendrait les hommes ayant fauté accidentellement et qui sont restés honnêtes dans le fond. La seconde catégorie recevrait les détenus que le vice a touchés sans les corrompre tout à fait, et qui désirent se relever. La troisième enfin comprendrait les détenus foncièrement mauvais et dont le contact est dangereux pour les autres. Cette dernière division recevrait aussi les récidivistes. Son régime serait très sévère, mais non brutal. Comme il n'y a aucun être humain qui ne soit susceptible d'amélioration morale, il faudrait laisser aux hommes de cette dernière classe la faculté de pouvoir s'élever successivement au niveau de la première, avec rétrogradation en cas de mauvaise conduite (1). »

Si la promiscuité crée des difficultés sérieuses à l'œuvre de l'éducation, celle-ci en rencontre aussi dans le *caractère des détenus*.

La situation anormale qui s'impose et qu'il faut accepter finit par agir sur le cerveau du détenu et par fausser son caractère.

Forcé de se soumettre à une discipline qui le tient, malgré lui, comme dans un étau, le détenu cherche à se venger en se montrant autrement qu'il n'est en réalité et se trouve comme instinctivement poussé à l'hypocrisie.

Ecoutez, par exemple, cette déclaration faite par un détenu intelligent et observateur :

« Beaucoup de détenus croient que le point de vue religieux fait tout à Genève, et ils partent de ce principe pour jouer la comédie. Leur but est d'avoir une certaine somme ou un emploi quelconque; puis la somme trouvée ou la place prise, ils se montrent tels qu'ils sont, et le but moral atteint a été la réussite de l'hypocrisie. Et comme exemple je vous dirai ce qui m'a été dit un jour par G. Je veux, disait-il, me mettre bien (lisez : faire l'hypocrite) avec le père L., puis, en sortant, je me fais chercher une bonne place, et après je l'enverrai promener. Voilà où on en arrive avec le système actuel, et j'ai entendu cela plus de cent fois ».

Cette déclaration, je le répète, a été faite par un détenu intelligent et qui, je puis l'affirmer, reconnaissait la nécessité de la franchise. Mais elle n'en proclame pas moins la réalité d'un état d'esprit que la prison tend à faire naître et à développer. Cette constatation ne dit-elle pas bien haut soit la nécessité, soit les difficultés du travail d'éducation?

(1) Cette idée de la répartition des détenus en classes différentes, que l'expérience a inspirée à ce détenu a été exposée déjà dans un article sur « les Habitants d'une maison centrale » publiée par Ed. Sayous dans la *Bibliothèque universelle* de septembre 1881, p. 480.

Et puis, autre source de difficultés, c'est *l'état physique des détenus*. Si la prison ne se trouve pas dans des conditions hygiéniques particulièrement bonnes, le détenu, toujours replié sur lui-même, et obligé de se soumettre à une existence qui ressemble beaucoup, par sa monotonie écœurante, à celle de l'écureuil dans sa roue, le détenu, dis-je, finit par contracter une maladie de langueur, une sorte de mélancolie qui le mine, corps et esprit, et qui, le rivant à l'horizon borné dans lequel il se meut, le rend difficilement accessible à toute parole d'encouragement comme à toute idée de changement. Il prend son parti des choses. Il n'a plus la force de raisonner ou de croire à quelque chose de mieux. Tout s'atrophie chez lui, et ne se doutant pas, non seulement qu'une transformation morale changerait tout pour lui, mais que cette transformation peut s'opérer dans la prison même, il ne voit plus son salut que dans sa sortie de prison.

Et pourtant, si grandes soient les difficultés que peut créer, en vue de l'œuvre de relèvement, tout régime pénitentiaire — et je suis loin de les avoir toutes énumérées — si infranchissables paraissent les barrières qui se dressent devant l'éducateur, nous ne pouvons pas désespérer; je dis plus, il serait coupable de désespérer, car il y a toujours un point de contact possible avec tout être humain, si corrompu soit-il, et c'est ce point de contact qu'il s'agit avant tout de chercher et de trouver.

** **

Après ces constatations sur l'insuffisance des peines disciplinaires, sur les déficits moraux du coupable avant son entrée en prison, et sur la situation anormale du détenu, constatations qui ne font que nous faire toucher du doigt soit l'urgence, soit les difficultés, soit l'importance de l'œuvre éducatrice, nous avons maintenant à passer rapidement en revue les divers moyens de relèvement qui sont ou doivent être employés. Comme nous l'avons déjà fait, nous tenons ici à présenter à leur sujet quelques-uns des témoignages de détenus que nous avons en main.

I. — L'ÉCOLE.

C'est là, personne ne peut le contester, une institution indispensable, et nous nous étonnons qu'elle n'existe pas dans quelques-uns de nos établissements pénitentiaires (Uri, Nidwalden, Obwalden, Fribourg, Soleure, Appenzell-Rhodes-int.).

Dans une publication assez récente (1) le Dr Karl Hafner, avocat à Zurich dit avec raison : « *Die Schule will mithelfen an der Sozialmachung des Verbrechers. Mit der Erweiterung der Kentnisse des Sträflings gibt sie ihm nach seiner Entlassung die Möglichkeit, unter gegenüber früher günstigen Bedingungen, wieder in den wirtschaftlichen Kampf einzutreten.* »

C'est ce qu'affirme également M. P. Wiesmann, dans un article intitulé « l'école dans un pénitencier » (2).

« Personne ne pourra mettre en doute, dit-il, qu'il doit être plus facile pour un prisonnier à la fin de sa détention de commencer une vie nouvelle, basée sur des principes moraux, s'il possède cette confiance que donnent des facultés intellectuelles développées, une plus grande somme de connaissances acquises et des goûts plus relevés, qu'il ne serait dans le cas de le faire s'il rentrait dans la société, avec de bonnes résolutions sans doute, mais sans avoir, en aucune façon, augmenté et fortifié ses facultés pour résister aux tentations auxquelles il avait jadis succombé. »

Il est évident que l'école, dont le programme est généralement celui de l'enseignement primaire, ne peut être utilisée par les détenus qui possèdent déjà une certaine culture intellectuelle. Mais ceux-là mêmes, plus encore que les autres, éprouvent souvent le besoin de profiter du temps de leur détention pour élargir le cercle de leurs connaissances.

Plusieurs emploient leurs heures de loisir, soit à apprendre une langue nouvelle, soit à faire des lectures historiques et scientifiques.

Si l'école n'a pas comme but direct et comme résultat d'agir sur le moral du détenu, peut-être pourrait-elle contribuer plus encore à l'œuvre d'éducation, en adoptant, dans son programme un enseignement plus directement moral, comme par exemple en initiant les détenus au grave et actuel problème de l'alcoolisme. Quand on voit la part souvent prépondérante qu'ont prise les boissons alcooliques à la déviation des détenus, l'époque de la détention n'est-elle pas tout indiquée et particulièrement

(1) *Schule und Kirche in den Strafanstalten der Schweiz.* Zurich 1906, p. 40.
(2) *Verh. des Schweiz. Vereins für Straf-und Gefängniswesen.* Heft V, cité par Hafner, p. 41.

propice pour parler, par un enseignement systématique, à la conscience et au cœur de ceux qui en ont été les victimes?

Bien des détenus le sentent, et l'un d'eux a écrit dans un court mémoire : « L'institution d'un enseignement antialcooli que obligatoire dans la prison serait de toute nécessité ».

Il nous semble aussi que des leçons de morale civique seraient à leur place dans une école de pénitencier

II. — LA BIBLIOTHÈQUE.

Elle est non moins indispensable, et s'il importe qu'elle con tienne des ouvrages de lecture facile et attrayante, comme par exemple de bons romans, elle doit aussi fournir au détenu des publications qui lui permettent d'acquérir des connaissances nouvelles et de se développer intellectuellement et morale ment. La littérature légère, sensationnelle abonde aujourd'hui; sa place ne saurait être dans un pénitencier. Il est urgent d'éviter au détenu, trop facilement morose, excitable, mécon tent, des lectures qui ne peuvent que soumettre les instincts grossiers et charnels à une surexcitation malsaine. Il faut que les distractions qui lui sont permises soient moralisantes, et le mettent en contact avec des principes élevés et ennoblissant.

A côté des ouvrages littéraires, historiques et scientifiques qui abondent et qui, tout en instruisant, font naître de saines préoccupations, il faut aussi que toute bibliothèque sérieuse contienne des ouvrages religieux, capables de développer le sens moral et d'éveiller dans les consciences le besoin de rélè vement. Quand du reste l'Esprit de Dieu commence à travail ler dans une âme, cette âme est tout naturellement attirée vers ce qui seul peut vraiment la nourrir et arrive à entendre par elle-même les grandes leçons qui répondent à ses inspira tions.

« Je viens de lire, écrit un détenu, le volume de M. le mis sionnaire Lienhardt, intitulé : *Mon voyage au Zambèze*. Deux noms m'ont tout d'abord attiré, ceux de MM. Fabre et Ber trand. Ces deux noms m'ont permis de voir des hommes riches qui pourraient jouir de la vie et de ses biens, et qui consacrent pourtant la grande partie de cette vie à faire du bien à des inconnus ».

Ce même détenu écrit encore : « Je ne suis pas encore assez sûr de moi aujourd'hui, mais après avoir prié Dieu, je me sens plus fort. Je sens en moi beaucoup de choses que je ne puis définir. Par la lecture des livres de M. Favre je suis empaumé. À 34 ans j'ouvre les yeux, peut-être pour la première fois. »

Ailleurs encore : « Je viens de lire avec émotion le retour de Stanley à Zanzibar, et je ne sais ce que je dois le plus admirer en cet homme vraiment grand, ou du courage qu'il a déployé, ou de l'amitié qu'il a témoignée aux noirs qui l'accompagnaient. Cet homme au cœur d'acier dans la lutte se fait si bon envers ses noirs, que je n'y peux voir qu'un cœur qui aimait son prochain autant qu'il aimait son Dieu. J'ai versé bien des larmes au récit de ses souffrances, mais ce qui me le fait aimer encore plus, c'est cette grande bonté ».

En constatant l'influence que de saines lectures peuvent avoir sur le cœur d'un détenu, je me sens pressé de faire ici une observation qui me paraît importante. Si la lecture est un grand moyen d'éducation, il est de toute importance, me semble-t-il, que le choix de ces lectures ne soit pas entièrement abandonné aux détenus. Dans bien des prisons le détenu choisit lui-même, et choisit tout naturellement ce qui répond à ses instincts. Or, c'est à ce moment que l'éducateur doit intervenir, non pas pour imposer telle lecture, cela va sans sans dire, mais pour conseiller, aussi bien que le médecin ne laisse pas le malade entièrement libre de choisir sa nourriture. Il importe que ceux qui connaissent le mieux l'état moral des détenus, soit le directeur, soit le chapelain, assistent à la distribution des livres et qu'ainsi la bibliothèque exerce réellement une influence éducatrice. Ce devrait être là son premier but.

III. — LE TRAVAIL.

Nous n'avons pas à entrer ici dans le détail de cette question qui relève directement de l'Etat et de l'administration.

Le travail est un puissant moyen d'éducation et de moralisation, et quand on s'entretient avec les détenus, on ne tarde pas à distinguer ceux qui le font joyeusement parce qu'ils l'aiment et ceux qui ne l'aiment pas. L'autorité remplit son devoir en imposant le travail à tout détenu et en tenant compte pour cela des antécédents et des aptitudes du détenu.

Mais une question me préoccupe à ce propos, c'est celle du du salaire.

Il va de soi que l'Etat qui a toute la responsabilité de l'entretien de l'établissement, doit avant tout chercher, sinon à couvrir entièrement, du moins à amoindrir ses dépenses, et le travail des détenus a pour résultat d'y contribuer. Il est inadmissible que le détenu reçoive le produit intégral de son travail. Il est logé et nourri, et il doit par conséquent en quelque mesure défrayer l'Etat.

Et cependant il ne faut pas oublier que le prisonnier n'est pas là pour l'Etat, mais que l'Etat est là pour le prisonnier. La prison ne saurait être considérée comme une maison de commerce ou comme un établissement industriel. Elle doit être avant tout une maison de rélèvement, un établissement d'éducation. La question des frais vient en seconde ligne. La question de la transformation morale du détenu prime toutes les autres.

Or, pour que le travail contribue à cette transformation — et ce doit en être le premier but — il importe qu'il soit raisonnablement rémunéré. C'est là un principe d'économie sociale indiscutable. En est-il réellement ainsi dans toutes les prisons? Suffit-il qu'un homme soit soumis à un régime pénitentiaire pour que l'on soit autorisé à ne plus lui appliquer ce principe?

Il va bien sans dire qu'il n'est pas question ici de comparer le détenu à l'ouvrier ordinaire et de le mettre sur le même pied. La condition n'est pas la même, mais encore faut-il que le détenu trouve dans la rémunération de son travail un encouragement, et qu'il ait la satisfaction de se dire que l'administration est assez paternelle pour lui permettre de se préparer, par son travail, quelques ressources un peu importantes pour le jour où il aura à reprendre toute la responsabilité de son existence.

A cet égard, je tiens à citer ici deux témoignages de détenus intelligents, capables de se rendre compte de la situation.

« Le but de l'Etat, dit l'un, est simplement financier, parce que le travail confié aux détenus n'est que dérisoirement rémunéré, ce qui fait que ceux-ci ne prennent aucun goût au travail et ne le font que pour éviter une punition. Si le travail était rémunéré comme il devrait l'être, et si l'ouvrier avait la facilité de se créer un petit pécule avant sa sortie, il travaillerait davantage et conserverait le goût au travail, condition morale très importante; et d'autre part on ne verrait pas l'Etat faire concurrence aux contribuables en abaissant les prix des travaux et priver de travail les ouvriers du dehors. »

« Tout se sait en prison, écrit un autre, les pierres parlent et les murs ont des yeux et des oreilles. Et quand on voit surtout l'injustice flagrante dans la rémunération du travail, cela nous révolte. Ainsi moi, pour ne citer que ce cas, j'ai été employé quatre ans au magasin général. J'avais à tenir la comptabilité industrielle concernant la fabrication des babbouches; j'avais les rapports mensuels à rédiger, la balance des comptes à faire, la rédaction de la feuille de solde, le contrôle de la marchandise, la visite du travail arrivant des ateliers, et enfin la responsabilité du magasin, puisque la clef m'en était confiée. Outre cela, j'avais la charge de l'entretien des vêtements des employés et des détenus, ainsi que celui des couvertures et paillasses. Eh bien, pour toute cette responsabilité et ce travail, je recevais 5 francs par mois tout secs... Si pourtant l'administration avait dû payer un comptable spécial pour le magasin et un maître tailleur, c'est 300 francs mensuellement qu'elle aurait dû payer et non pas 5 ».

Qu'on me comprenne bien. Ces témoignages ne sont pas cités comme une plainte contre l'administration. Je ne saurais en vérifier en tout point l'exactitude. Mais ils soulèvent une question qui a son importance, et qui est d'autant plus digne d'être examinée de près qu'il s'agit avant tout d'une œuvre d'éducation à faire. Je tiens à dire cependant que l'auteur de la dernière déclaration a toujours été fidèle à son devoir et soumis à l'ordre établi, et la preuve, c'est qu'il a gardé pendant quatre ans la lourde responsabilité qui lui a été confiée.

IV. — LES CONFÉRENCES.

Celles-ci sont, pour ainsi dire, indispensables. L'école ne peut suffire à tout au point de vue intellectuel et moral, et cela d'autant plus qu'elle ne sert pas à tous les détenus. Le détenu est un homme qu'il s'agit de former ou de réformer, et pour cela il importe, non seulement d'élargir l'horizon de sa pensée au point de vue historique, littéraire ou scientifique, mais de le mettre en contact avec tous les problèmes qui concerne la vie humaine. Il y a des questions économiques, philosophiques ou religieuses, il y a des questions de moralité privée ou sociale qui s'imposent et qui ne peuvent être traitées que dans des études spéciales, mises à la portée de tous.

Il ne faut pas que le régime de la prison ait pour résultat de comprimer les esprits et de paralyser la pensée. Il importe au contraire de travailler à combattre l'anémie spirituelle qui marche souvent côte à côte avec l'anémie physique. Il suffit aussi que l'homme soit mis à l'écart de la collectivité et soumis à des conditions anormales d'existence, pour que bien des questions auxquelles il était toujours resté étranger ou qu'il repoussait, se posent et s'imposent même à lui. J'en ai souvent fait l'expérience. Le moment est donc tout indiqué pour éclairer ces esprits troublés ou malades, et pour les mettre en contact avec ce qui doit constituer la règle de toute existence humaine normale. Négliger ce moyen de relèvement, c'est abandonner le détenu à lui-même et contribuer à l'atrophie de son être pensant et moral.

Bien souvent il m'est arrivé de demander aux détenus quelles pensées, quelles questions les préoccupent.

La conférence simple et familière est tout indiquée pour répondre à ces légitimes préoccupations.

Et à propos de ces conférences de psychologie et de morale que j'ai commencées il y a deux ans, conférences qui ont lieu tous les quinze jours et auxquelles assistent librement, mais très régulièrement, la plupart des détenus, catholiques et protestants, je tiens à communiquer le commencement d'une lettre que j'ai reçue il y a peu de jours.

Cette lettre est d'un étranger, je la communique sans en corriger le style, et, je dois le dire, sans me préoccupe des éloges qui me sont adressés. Je la cite comme un témoignage sincère et reconnaissant du bien qui peut s'accomplir par ce moyen dans une âme humaine.

Genève, le 6 novembre 1910.

A Monsieur le pasteur Henri Roehrich,

Monsieur le Pasteur,

« Dans 52 jours d'ici j'aurai quitté ce lieu. Mais je n'aurais pu partir en m'acquittant envers vous d'une dette de reconnaissance par le silence.

« Il est impossible de rendre par des paroles toute la force d'un si grand bien que vous avez fait pour moi. Durant le séjour à l'Evêché, j'ai suivi vos conférences avec la plus grande attention et j'ai aussi observé combien vous essayez, de toutes vos forces d'éclairer, dans l'âme des prisonniers que vous connaissez à fond, la lumière intérieure qui s'appelle la conscience, pour lui donner les moyens d'arriver à une conscience pure et sans reproche, seul moyen honnête de parvenir. Et je suis heureux d'ajouter que ceux qui vont chercher dans votre cœur l'amour de l'humanité et de l'honnêteté, ce sont des heureux.

« Quand à moi, personnellement, j'ai l'honneur de vous dire que le souvenir inoubliable que vous laissez dans mon cœur, n'est pas moins admirable que le souvenir que vous avez laissé dans les cœurs de ces 50.000 prisonniers, pendant la guerre de la France avec l'Allemagne au XIXᵉ siècle. Que Dieu vous rende le bien que vous faites pour nous dans un sentiment d'humanité! »

V. — L'ACTION RELIGIEUSE.

D'étape en étape, nous voici arrivés au grand moyen de relèvement, à l'action religieuse, la seule capable de pénétrer jusque dans ces mystérieuses profondeurs de l'être, que le regard humain ne peut atteindre, et où, avec les vilenies que l'homme se refuse souvent de reconnaître et devant lesquelles il se plaît à fermer les yeux, se cachent des aspirations vers le bien aussi réelles qu'inconscientes. L'œuvre religieuse devrait être celle de tout le personnel de l'administration pénitentiaire, mais elle concerne tout spécialement l'aumônier de l'établissement.

Nous en connaissons toutes les difficultés. Nous savons que, dans ce domaine plus qu'en aucun autre, nous avons affaire à des natures souvent faussées et fourbes, à des êtres qui jettent facilement sur leur état moral le manteau du mensonge, et ne se gênent pas, en vue d'un appui matériel et passager, de prendre le masque de l'hypocrisie. Tout aumônier en a fait la douloureuse expérience. Mais s'il y a des êtres assez dévoyés, assez corrompus pour jouer ce triste rôle, c'est une preuve de plus de l'importance de l'œuvre d'éducation, et c'est un motif de plus pour que l'éducateur, insensible aux observations peu humanitaires qui lui sont parfois présentées au sujet de tel ou tel détenu, entoure ces pauvres êtres d'un amour plus intense. L'âme faite par Dieu ne peut se relever que par lui, et n'est vraiment relevée que lorsqu'elle l'a retrouvée.

« Comme l'homme a besoin de manger, comme la source a besoin de l'eau du ciel, comme la fleur a besoin de rosée, l'homme a besoin de Dieu ».

Cette belle parole, que je relève du mémoire d'un détenu, est le langage normal d'une âme qui s'est ressaisie et qui s'écoute, et la vérité qu'elle proclame sera toujours, pour l'éducateur, non seulement un obstacle à tout découragement, mais une force sans cesse renaissante et une source toujours jaillissante de courage et de joie.

Il importe tout d'abord qu'un travail individuel se fasse en tout détenu, et c'est à ce travail que doivent concourir *les entretiens* intimes du pasteur, ainsi que les lettres que peuvent écrire des parents chrétiens. En voici un exemple.

« On m'amena à la prison, écrit un détenu dans un mémoire très détaillé de sa vie vagabonde. J'étais dégoûté de cette vie, je résolus de mettre fin à mes jours. J'étais à l'atelier des cordonniers ; je parvins à dérober un tranchet. Mais Dieu ne permit pas que je fisse aboutir mon criminel dessein. Il avait l'œil sur moi. Je me blessai en effet et perdis connaissance, mais je fus vite remis. Je ne renonçais pas moins à mon projet. Je retournai à l'atelier et m'emparai d'une paire de ciseaux. Je me fis sauter une veine et perdis beaucoup de sang. Mais il était dit que je devrais vivre d'une vie nouvelle. Je lus un nouveau testament qui m'avait été donné, et le jour commençait à se faire en moi. C'était le dimanche avant Pâques. Le lendemain, je reçus une lettre de chez nous qui me disait que mon frère venait d'être reçu dans l'église, et que ça avait causé bien de la peine à ma mère de ne pas me voir là. On m'envoyait le texte du sermon : *Travaillez à votre salut avec crainte et tremblement.* Je le relus plusieurs fois. La lumière était entrée en moi. Le soir, je me couchai avec un cœur plus léger, et je priai Dieu d'avoir pitié de moi qui étais un misérable pécheur, car Jésus est venu sur la terre, non pour nous perdre, mais pour nous sauver. Je n'ai cessai de prier Dieu qu'il m'exauce et me corrige. Je relus ma Bible avec attention et la méditai, et mon âme a été éclairée. »

Si les entretiens personnels avec le détenu ont une haute importance, *le service religieux* du dimanche n'en a pas une moins grande. Là ce n'est pas seulement l'individu isolé que l'on a devant soi, mais l'être social, l'être qui fait partie d'un tout, d'un organisme, d'une famille, et il est possible alors de faire pénétrer en lui des vérités qui, jusqu'alors, lui sont demeurées étrangères, ou que sa vie égoïste lui a fait oublier.

Un jour, par exemple, à l'issue d'un culte, un détenu s'approche de moi et me dit : « Mais, monsieur, pourquoi, en nous parlant, dites-vous toujours *nous* et jamais *vous* ? » — » Mais, mon ami, lui répondis-je, c'est que devant Dieu tous les hommes sont pécheurs, et que moi, aussi bien que vous, j'ai besoin d'être délivré du mal. » — Ah ! ajouta-t-il, si vous saviez le bien que vous nous faites en nous parlant ainsi ! »

Il est aussi de toute importance, au point de vue de l'œuvre à faire, de ne pas s'appesantir outre mesure sur les mauvais instincts de l'homme et sur les fautes commises, mais de faire appel aux bons et nobles côtés de la nature humaine.

Quand on contraint une âme à se plonger trop profondément dans les ténèbres du péché, elle finit souvent, hélas! par ne plus croire à la lumière, et par ne plus être capable d'en apercevoir et d'en accueillir le doux rayonnement. C'est l'anémie complète qui s'affirme; c'est l'heure du désespoir qui va bientôt sonner. Mais parlez à l'âme de la noble mission de l'homme, promenez-la dans ces profondeurs où la trace du bien et l'empreinte de Dieu existent encore, enveloppez-la, inondez-la de lumière, et du même coup les ombres au sein desquelles elle se meut, se dessinent plus nettement et prennent des contours si précis que la conscience commence à parler et le cœur à s'ouvrir.

Et quelle nécessité aussi de rappeler aux détenus rassemblés qu'ils appartiennent à la grande famille humaine, et que, s'il y a une grande loi de solidarité qui nous unit les uns aux autres, cette loi, qui a fait de nous les victimes du péché des autres, peut et doit faire de nous aussi les bienfaiteurs des autres! C'est le sentiment humain qu'il s'agit de réveiller dans le cœur de ces isolés, et quel levier est capable de soulever la pierre de l'individualisme isolateur, quelle puissance peut briser la chaîne d'esclavage que forge l'égoïsme, quelle chaleur saura ressouder les unes aux autres les fibres cachées qui doivent relier l'individu à la masse et que le péché a brisées et disjointes, sinon l'amour qui procède du Christ, l'amour qui est un rayonnement de la miséricorde divine, l'amour qui, en

Jésus-Christ, a été plus fort que toutes les méchancetés humaines et qui, à l'heure solennelle du drame du Calvaire ne s'est trouvé isolé sur la croix, au sein du monde égoïste et mauvais, que parce qu'il était la vivante réalisation de l'amour du Père enveloppant et sauvant l'humanité?

Si cet amour inspire nos paroles, s'il pénètre nos relations avec les détenus, s'il imprègne notre être entier, soyons assurés que notre travail ne sera pas vain, et que, dans le cœur de nos détenus, que nous traitons en amis et en frères, l'esprit de Dieu déposera des semences de vie qui se développeront et porteront leurs fruits.

Déjà dans la prison, du reste, nous pouvons et nous devons solliciter les détenus à la pratique de l'amour. Si nous leur rappelons qu'ils sont membres de l'humanité, ils comprendront qu'avant tout ils sont membres les uns des autres et qu'ils doivent créer entre eux une association de secours mutuels et de fraternité! Si le péché les a rapprochés les uns des autres et cherche à fomenter en eux un esprit de malveillance et de jalousie, l'amour divin dont ils sont l'objet les rapproche plus encore les uns des autres et leur fait une obligation de se pardonner, de se supporter, et de travailler, par l'exemple et l'amour fraternel de chacun, au bien et au relèvement de tous. L'œuvre d'éducation trouvera sa sanction et son couronnement dans le fait que chaque être tombé, mais relevé, deviendra à son tour un éducateur.

**

Cette œuvre urgente qui est, en fin de compte, le but suprême que doit entreprendre et poursuivre tout établissement pénitentiaire, et cela enfin de rendre à la société des hommes dans toute l'acception du mot, cette œuvre, dis-je, tout le personnel de la maison devrait l'avoir à cœur et y contribuer. La direction a, à cet égard, une lourde et grande responsabilité; sa tâche est semée de difficultés, et les plus grosses viennent souvent d'employés qui ne sont pas à la hauteur de leur mission. Ah! si l'on savait tout ce qui se passe dans une prison, on ne s'étonnerait pas que l'œuvre d'éducation soit si lente et souvent si paralysée!

Que de plaintes n'ont pas été inscrites à ce sujet dans les rapports intimes qui m'ont été faits! Je le répète, je n'ai pas à

juger ces rapports ; mais il n'est pas inutile de les entendre.
En voici quelques fragments :

« Avant de remonter le moral des détenus, écrivait l'un deux,
il faudrait relever celui des employés, qui ne sont pas toujours
la crème de la société. Ivrognerie, faux-rapports, méchanceté,
despotisme sont leurs plus belles qualités. Quelles idées de droi-
ture et de justice inculper à des détenus qui voient ces choses
pendant des années ! L'exemple est contagieux, et un person-
sonnel bien choisi ferait plus de bien qu'on ne croit. »

« On faisait la morale aux détenus, écrit un autre, tandis
que les employés introduisaient du vin et de l'absinthe dans la
maison et en donnaient même au détenus faisant le service
de propreté des quartiers. J'ai vu de mes yeux une bonbonne
d'absinthe cachée dans un réduit à charbon. J'ai vu aussi plus
d'un employé ivre... Tel allait ainsi de cellule en cellule chan-
tant et faisant des singeries, en tutoyant les détenus pour les
amuser. C'est ce fameux employé qui m'a tant fait souffrir
durant les quatre années que je fus employé au magasin. Il
m'injuria plusieurs fois et voulut me frapper à deux reprises...
J'ai vu le supplément illustré d'un journal français qui contenait
des gravures fort peu édifiantes. C'est un détenu qui recevait
ce supplément. Les employés qui doivent donner le bon exemple ne se font pas scrupule de dire des obscénités et de pro-
noncer des jurons et des blasphèmes... La politesse est une
grande chose dans la prison ; elle éviterait bien des froisse-
ments et éteindrait bien des haines. Cependant elle est complè-
tement négligée. La politesse honore autant celui qui en fait
usage que celui à qui elle s'adresse. »

« J'ai vu des employés, écrit un troisième, se faire faire des
bottines jaunes ou noires sans que l'on n'en sache rien au
bureau, et donner du tabac et de la viande au détenu qui les
faisait, et cela afin qu'il n'en dise rien... »

Et plus loin, parlant de la manière brutale dont sont traités
certains détenus : « après cela, dit-il, l'on s'étonne que le
détenu se révolte contre ces geoliers ! Moi, je trouve cela tout
naturel, car, pour le supporter, il faudrait être un ange ou
n'avoir point de sang dans les veines. Plus on marchera avec
la force brutale, plus on excitera l'individu. Inspirer la crainte
ce n'est pas se faire aimer et respecter. »

Bien d'autres citations, et des citations plus détaillées, pourraient être faites ici. Nous ne saurions leur attribuer une trop grande valeur. Je tiens à le dire, du reste, de réels progrès ont été réalisés, ces dernières années, au point de vue du choix des gardiens. Mais ces citations suffisent à défendre la thèse qui me tient à cœur. Vraies ou fausses ou exagérées, elles nous montrent ceci : c'est que la charge d'employé ou de gardien est difficile à remplir et qu'elle exige des hommes qui sont en contact journalier et permanent avec les détenus des qualités très spéciales. Si le directeur ou le chapelain cherche à faire pénétrer et à développer dans le cœur des détenus le sentiment du bien et de la vérité, le sens du respect pour eux et pour les autres, il est de toute nécessité que cette œuvre morale ne soit pas mise en souffrance, voire même détruite, par ce contact avec les gardiens. Le détenu est un anormal, un malade; pour agir sur lui, il faut le connaître, et pour le connaître, il faut certaines connaissances psychologiques, beaucoup de délicatesse de sentiment et surtout beaucoup d'amour.

Le gardien ne peut donc être à la hauteur de sa fonction s'il est tiré brusquement de sa position antérieure, souvent très infime, et placé sans transition auprès des détenus. Le gardien devrait posséder vis-à-vis des détenus des qualités spéciales, comme celles qui sont exigées d'un bon infirmier vis-à-vis des malades. Jamais une autorité d'hôpital ne nomme un infirmier sans s'être enquis auparavant de sa valeur personnelle. C'est pourquoi il existe des écoles d'infirmiers. Pourquoi n'en existerait-il pas pour les surveillants et gardiens de prison? Pourquoi, tout au moins, les gardiens n'auraient-ils pas à faire un noviciat, temps pendant lequel ils seraient mis au courant de leur tâche? Avec des hommes bien préparés, et dont la valeur morale comme la culture psychologique auraient été reconnues, quel appoint n'aurions-nous pas pour l'œuvre d'éducation que la prison doit accomplir! Quel secours et quel appui ces hommes ne seraient-ils pas pour le relèvement de ces malheureux dévoyés que la justice humaine a condamnés et que l'amour doit régénérer!

*
* *

Et cependant, malgré tout, — et cela parce que l'Esprit de Dieu est plus fort que celui des hommes, et que les âmes qui veulent sortir de leur marasme et de leur état d'infériorité morale parviennent toujours, quelles que soient les difficultés de la lutte, à entendre la voix de la vérité qui affranchit, — malgré tout, dis-je, l'âme de maints détenus arrive à la guérison, tout au moins arrive-t-elle à voir le chemin qui y conduit et à y marcher. Et il m'est particulièrement doux de pouvoir communiquer ici plusieurs témoignages de détenus dont les yeux se sont ouverts et pour lesquels la détention a été un bienfait :

« Je ne voudrais pas, a écrit un détenu, hypocritement faire croire que je suis réellement bon ; non, mais je sens que je suis devenu meilleur, et cela seulement depuis peu, depuis que je lis des livres religieux. »

« Quand, écrit un autre, on vous offre de choisir entre une poire pourie — qu'on me pardonne cette expression triviale — et une poire mûre et saine, il n'y a aucun doute à ce que le choix ne se porte sur le fruit sain et mûr. Et bien, moi aussi, j'ai choisi. Je cherche une direction, une ligne de conduite, et je crois l'avoir trouvée, grâce aux bons enseignements qui nous sont donnés le dimanche, et aux bonnes lectures que j'ai faites et qui m'ont aidé à changer. Béni soit le Seigneur qui m'a trouvé, moi l'infirme, le larron ! Je le prie de me donner la force, le courage de garder et de mettre à profit les résolutions prises, et je prie pour ceux qui me l'ont mieux fait connaître ».

« Après chaque service religieux, écrit un troisième, j'éprouve plus de force, de courage, je me sens la volonté bien arrêtée de mettre un terme à la malheureuse vie que j'ai menée. C'est Toi, mon Dieu, que j'implore, non comme un hypocrite, mais bien convaincu de ta force, de ta puissance et de ton infinie bonté. Protège-moi, j'en ai le plus grand besoin. »

« Plus je lis ma Bible, plus cela me fait du bien. Il n'est pas d'homme, si cuirassé soit-il, qui, en lisant ces paroles, ne confesse que tu es vrai, ô mon Dieu. Il y a quelques temps je n'aurai pas cru comme je crois aujourd'hui. Donne-moi la force et la foi ! Depuis que je te connais mieux, je vois partout des amis, là où je ne voyais que des ennemis. Je sens mieux tout ce que l'on fait pour moi ; tout me semble meilleur. Aujourd'hui, je signe mon engagement d'abstinence pour la vie. Donne-moi, mon Dieu, la force, la volonté de le tenir toujours ! »

« Ce jour est pour moi un vrai jour de joie, écrit un autre,

j'ai appris avec bonheur que C. a signé pour toujours la tem-
pérance. Il a assez souffert. Je prie Dieu de tout mon cœur
de lui donner la force de tenir son serment. Je sais bien qu'il
aura à souffrir des malveillants, des indifférents, mais que Dieu,
dans sa grande bonté, le protège. C'est la prière que je fais
pour lui. C'est à lui, plus qu'à bien d'autres, qu'il faut pardonner et tendre la main. »

« L'expérience religieuse, dit un autre, ne s'acquiert que
dans un milieu qui lui soit approprié. En voici un exemple.
A trente-deux ans, à la suite de nombreuses années de mauvaise vie, je me trouve en prison. Jusqu'à aujourd'hui, peu de
personnes ne m'avaient parlé de Dieu avec conviction; rien ne
m'avait touché, et le peu de religiosité qui était mon partage
ne me venait que de ma jeunesse. Là s'arrêtait toute ma reli-
gion; pas d'actes et bien peu de pensées religieuses. Depuis
une année seulement, je me suis trouvé dans un milieu intellectuel religieux qui parlait à mon cœur : livres, exemples,
traitement humain de l'homme tombé, et vous le dirais-je, la
pitié, l'amitié qui m'ont été témoignées, voilà ce qui m'a ramené
à Dieu. Après chaque culte du dimanche, je me suis senti plus
près de Dieu. »

Il serait facile de multiplier les déclarations de détenus
témoignant de la transformation morale qu'opère l'influence
religieuse reçue dans la prison. Mais je tiens pourtant à communiquer encore les lignes précieuses et touchantes que m'a
adressées, à la date du 25 décembre 1899, un terrible détenu
qui, par les insubordinations sans cesse renouvelées, a fait la
dure expérience de la force brutale, mais dont le cœur a toujours été accessible à l'affection fraternelle que lui témoignait
le chapelain, qui n'avait pas à s'occuper de lui officiellement,
mais qui, néanmoins, entrait dans sa cellule comme dans
toutes les cellules à la fin de chaque année. Cette page est
intitulée le *Noël du prisonnier*.

« Que croyez-vous qu'il pense, le prisonnier, en ce jour
anniversaire où l'enfant Dieu vint donner aux hommes, pétris
d'orgueil et de haine, une immortelle leçon d'humilité et de
pardon? Ce qu'il pense? Et bien, le voici :

« Ce sont d'abord les années de son enfance qu'il fait défiler
une à une devant ses yeux, années qui lui rappellent les jours
heureux vécus dans l'insouciance d'une foi naïve et sereine

Vient ensuite l'adolescence, suivie de la cruelle séparation des siens exigée par une impérieuse nécessité. Il se revoit jeté sur le pavé de ces grandes villes, plus corrompues peut-être que ne le furent jamais Sodome et Gomorhe, où les paroles que l'on adresse à Dieu sont des blasphèmes ou des quolibets. Sa foi chancelle et périt, et le voilà sur l'océan de la vie comme un pilote dans une barque sans gouvernail.

« Les flots en fureur le plongent dans un abîme de désespoir, de regrets et de honte. Pauvre naufragé! Maintenant il se rémémore l'histoire de ce juste condamné qui n'eut que de la pitié pour ses lâches bourreaux, et qui, comme le dit le poète, fit d'un esclave un frère! Mais ne l'a-t-il pas entendu cent fois traiter de légende, ce Dieu du Golgotha? Oh! qui dira jamais les terrifiantes angoisses du doute! une voix intérieure lui murmure : oui, vieillerie que ce crucifié! La charité n'a jamais existé, ou bien elle a fait faillite, comme dit Zola; et l'esclave est toujours l'esclave et n'a point de frère!... Au même instant, la porte du lugubre réduit de l'infortuné s'ouvre... et un homme, un frère, lui tend la main... »

Ne sont-ils pas encourageants tous ces témoignages? Eh bien, je puis dire ici que les détenus qui en sont les auteurs, et qui pendant qu'ils étaient en prison, étaient considérés ou comme des hypocrites ou comme des hommes tarés, ayant, comme l'on dit, quelque chose dans le cerveau, sont tous redevenus des hommes et ont repris une vie normale au sein de la société. Il importe donc que le pasteur de ces malheureux poursuive sa tâche, en écoutant sans doute, sans arrière-pensée et loyalement, toutes les plaintes, toutes les accusations, tous les jugements qu'ils viennent de l'administration ou qu'ils viennent des détenus eux-mêmes, mais en restant au-dessus de ces appréciations souvent justes et souvent fausses, et en persévérant comme étant avant tout l'ami et le frère des détenus, dans son œuvre d'amour. L'amour seul est la vraie et la grande puissance de l'éducation.

Il y a un point encore que je tiens à signaler brièvement en terminant. Oui, l'amour est la grande puissance d'éducation dans la prison. Mais l'œuvre qu'il peut accomplir n'est souvent qu'ébauchée, et il est de toute importance que l'amour attende et reçoive aussi le détenu à sa sortie de prison. Il ne suffit pas de lui tendre la main dans la prison; il faut la lui tendre, peut-être même avec plus d'amour encore, lorsqu'il rentre dans la société. C'est le moment difficile; c'est l'heure de la lutte avec la vie nouvelle qui sonne de nouveau, de la lutte pour le pain quotidien, de la lutte contre les multiples tentations, de la lutte pour l'affirmation d'une volonté décidée à faire le bien. C'est le moment où le chaud rayonnement de l'amour doit envelopper la bonne semence tombée dans les cœurs, et si cet appui social vient à manquer, qu'en peut-il être de ces âmes qui attendent la force et le secours, comme la terre, engourdie par les glaces de l'hiver, attend la bienfaisante action du soleil de printemps?

Ecoutez, par exemple, cet aveu navrant qui termine le mémoire d'un libéré : « Je suis à bout de courage et de force morale. Je suis à charge à ma vieille mère; je ne trouve aucun emploi. Je suis dégoûté de la vie; je souffre horriblement. J'ai envie de bien faire et d'être utile; eh bien, on me repousse. Maintenant je comprends les récidivistes. »

N'est-il pas triste de penser que l'œuvre d'éducation commencée dans la prison peut être ainsi compromise ou anéantie, et que le détenu, à qui ont été rappelés ses devoirs vis-à-vis du corps social et qui est bien décidé à les remplir, se trouve, en tant que libéré, repoussé par ce même corps social, victime de préjugés sans-fondement, objet de l'indifférence ou de la méfiance?

Ah! nous comprenons les difficultés attenantes à la noble et belle tâche qu'ont entreprise et que poursuivent avec tant de désintéressement et de zèle nos comités de patronage. Mais il faut qu'on le comprenne pourtant aussi, ces comités ne peuvent pas tout faire, et même ils ne peuvent rien faire s'ils sont abandonnés à eux-mêmes. Ces comités ne sont, en somme, que des intermédiaires entre le comité et le public, et c'est au public à prendre conscience de son devoir; c'est au public à tendre à son tour la main à ces hommes et à ces femmes qui veulent recommencer une vie saine et honnête.

Que notre société n'oublie pas que c'est par sa faute souvent, par sa tolérance du vice et des plaisirs malsains, par son indifférence à l'égard du problème économique, par les exemples déplorables qu'elle donne en haut comme en bas de l'échelle sociale, qu'une multitude de pauvres êtres qui se débattent avec les difficultés de l'existence et avec le mal sous toutes ses formes, arrivent à fléchir et à violer les lois.

Réclamer de l'indulgence de la part de la société même, ce n'est qu'une question de justice.

Et je parle d'indulgence? Mais elle est insuffisante et à elle seule elle ne représente pas encore la justice; car la société a au moins autant de motifs de réclamer pour elle l'indulgence du détenu libéré. Ce qu'il faut, et on ne le répètera jamais assez, c'est l'accueil loyal et ouvert, c'est le désir de faire du bien, c'est le sentiment fraternel profond et sincère, c'est l'amour!

A côté de l'œuvre d'éducation qui se fait dans nos établissements pénitentiaires, et parallèlement à elle, il importe que l'œuvre d'éducation se fasse et se poursuive dans le public. Et à cet égard nous sommes contraints de constater une grave lacune. Il importe que notre population soit mise au courant du travail qui se fait dans les prisons; il importe de combattre les préjugés qui paralysent les mouvements généreux du cœur; il importe de faire comprendre que ceux qui sortent de la prison où ils ont eu le temps de réfléchir et de subir les salutaires influences, sont le plus souvent moins à redouter que beaucoup dont on n'a pas l'idée de se méfier parce qu'ils n'ont jamais rien eu à débrouiller avec le code pénal.

Des conférences, ayant lieu de temps à autre, dans le but d'éclairer l'opinion publique et de développer l'esprit humanitaire ou chrétien, seraient donc bien à leur place. Pourquoi faut-il que moi-même j'aie attendu d'avoir vingt-cinq ans de ministère dans les prisons pour faire cette observation? Je m'en veux un peu; en tout cas je puis dire que l'observation est le résultat d'une longue expérience.

Je sais bien ce que l'on objecte à cet appel, en faveur des détenus libérés, et les ouvriers seront peut-être les premiers à appuyer cette objection :

« Mais en fin de compte, dit-on ou pense-t-on, vous voulez que l'on protège les malfaiteurs, et cela au détriment des honnêtes gens? Cela n'est pas juste. Le résultat de votre appel sera tout simplement d'encourager la violation des lois et de prêter main-forte à ces sans-travail ou à ces malheureux qui vous disent : « Il faudra donc que je commette un délit pour que l'on s'occupe de moi. »

Il faut avoir, à mon avis, l'esprit bien faussé et le cœur bien mal placé pour raisonner ainsi. Non, certes, telle n'est point ma pensée. Je dis qu'il est du devoir de la société de recevoir avec amour ceux de ses enfants qui se sont égarés, et qui, désireux de rentrer dans les rangs et de reprendre une vie de travail et d'honnêteté, ont besoin pour cela de rencontrer des cœurs qui compatissent et des mains qui les soutiennent.

Mais je dis aussi qu'il est du devoir de la société de s'occuper plus qu'elle ne le fait et autrement qu'elle ne le fait, du sort des déshérités, des désœuvrés, des souffreteux, du sort aussi de tant d'ouvriers honnêtes qui n'arrivent pas à entretenir une famille, et cela afin de les empêcher de tomber et de devenir, par un délit quelconque, les pensionnaires forcés de l'Etat. Ces deux devoirs, bien loin de s'exclure l'un l'autre, s'appellent au contraire l'un l'autre, et en somme, ils ne sont que l'application du même principe, et d'un même devoir, le devoir d'aimer son prochain comme soi-même.

Ce qu'il y a de certain, d'indiscutable, c'est que nos prisons doivent être non pas une école de perdition et de décomposition morale, mais une école de relèvement et de régénération. Et pour cela il faut qu'elles soient une école d'éducation, et cela pour le bien, non seulement des détenus, mais du corps social.

Cette œuvre doit être l'œuvre de tous, et pour qu'elle puisse s'accomplir, il faut que l'Etat aussi bien que l'Eglise, le directeur des prisons aussi bien que les employés, l'individu aussi bien que la société tout entière, se donnent la main dans un même sentiment de responsabilité commune. Il faut que les uns comme les autres se disent, et ils ne peuvent que le sentir et le dire s'ils prennent au sérieux leur tâche respective : *Je suis le gardien de mon frère.*

VALS — IMPRIMERIE P. ABERLEN ET C° — 787-11